AF361076

ENSEIGNEMENT PROFESSIONNEL

CONFÉRENCE

SUR LE VERRE

LE CRISTAL — LES ÉMAUX

ET LA MOSAÏQUE D'ÉMAIL

Par GUILBERT-MARTIN

PARIS

IMPRIMERIE E. CAPIOMONT ET Cie

6, RUE DES POITEVINS, 6

1886

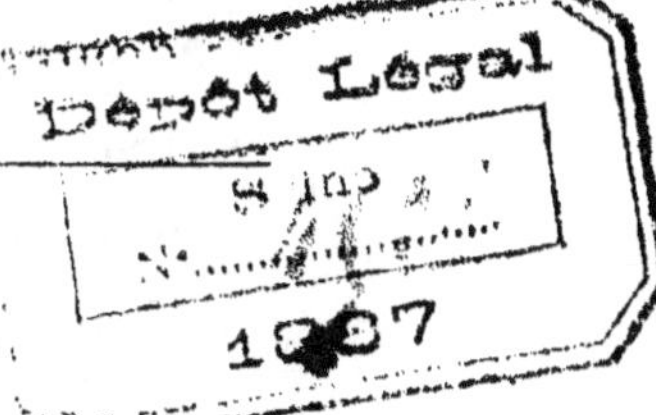

LE VERRE
LE CRISTAL, LES ÉMAUX
ET LA MOSAÏQUE D'ÉMAIL

PAR

M. GUILBERT-MARTIN

CONFÉRENCE DU 10 AVRIL 1886

MESDAMES, MESSIEURS,

Avant de vous parler de la mosaïque d'émail, qui doit être le but principal de cette conférence, permettez-moi de vous entretenir du verre et du cristal afin de bien établir les rapports qui existent entre ces divers produits.

Le verre. — Le verre est sans contredit le produit le plus utile et le plus merveilleux de l'industrie humaine. — Il nous rend, presque sans nous

en douter, d'immenses services et tient une plac
considérable dans notre existence. — Que devien
drions-nous dans nos climats parfois si rigoureu:
si nous n'avions des carreaux à nos fenètres?

Sa transparence permet aux rayons du soleil de
pénétrer dans nos demeures et d'y répandre la
lumière et la chaleur; il nous préserve au contraire
de la pluie, de la neige et du froid, tout en nous
permettant de voir ce qui se passe au dehors.

L'éloge du verre à vitres n'est donc plus à faire et
ce qui prouve toute son utilité, c'est que, en France
seulement, nous en fabriquons de 8 à 10 millions
de mètres carrés par an.

Avec le verre il faut s'attendre à marcher de surprise en surprise. Voici, par exemple, un savant
armé d'un long tube métallique, qu'on appelle un
télescope, et dans lequel sont disposés plusieurs
disques en verre de densités différentes, qui ont
alors la propriété, non seulement de grossir les
corps observés, mais encore de les rapprocher con-
sidérablement de nous.

C'est au moyen de ce précieux instrument que
nous pouvons sonder les espaces célestes et voir,
par exemple. distinctement ce charmant satellite
de la Terre. la Lune, qui est cependant à 384 000 kilomètres de nous. On peut y découvrir alors des
vallées profondes et des montagnes qui ont jusqu'à

8 000 mètres de hauteur. — Et cette autre belle planète, Vénus, qui fait aussi partie de notre système solaire ; on y voit, avec le télescope, des mers, des continents, des montagnes d'une hauteur prodigieuse, et, aux deux pôles, des montagnes couvertes de neige. — Elle semble avoir aussi une atmosphère, ce qui permet de supposer qu'elle peut avoir des habitants.

Et savez-vous à quelle distance moyenne Vénus se trouve de la Terre ? La bagatelle de 152 millions de kilomètres !

N'est-il pas merveilleux de songer que c'est au verre seul que l'on doit de pouvoir faire des investigations aussi lointaines et aussi intéressantes ?

Les services que le verre a rendus et rend encore à l'astronomie sont incalculables, et l'on peut dire que, sans le verre, nous en serions encore à croire, comme Ptolémée, que le soleil et l'univers entier tournent autour de la Terre.

Une autre particularité du verre, c'est que si, sous forme de lentille, nous le présentons d'une certaine façon aux rayons du soleil, il a la propriété de concentrer en un seul point, non seulement tous les rayons lumineux qu'il rencontre, mais encore la chaleur qu'ils contiennent, de sorte que, si en ce point qu'on appelle le foyer, se trouve un corps capable de s'enflammer, comme l'amadou, par exemple, ou la poudre, ce corps prend feu, et c'est pour cela que tous les jours, à midi, quand le ciel est pur, le petit canon du Palais-Royal se fait entendre pour annoncer que sa majesté le soleil est arrivé au point culminant de sa course.

On prétend que, dans l'antiquité, Archimède, assiégé dans Syracuse par une flotte romaine, mit le feu à cette flotte au moyen de miroirs ardents qui renvoyaient à l'ennemi les rayons enflammés du soleil.

Buffon, qui n'était pas seulement un grand naturaliste, mais aussi un grand physicien, voulut vérifier ce qu'il pouvait y avoir de vrai dans cette histoire d'Archimède. Il fit donc construire une série de petites glaces bien étamées, chaque glace pouvant tourner sur un axe mobile, de façon à pouvoir diriger chaque rayon réfléchi sur un même point.

Eh bien ! avec 128 glaces semblables et par un soleil ardent d'été, Buffon mit le feu à une planche goudronnée placée à 68 mètres de distance.

N'est-ce pas merveilleux vraiment, et dès lors l'histoire d'Archimède n'est-elle pas vraisemblable ?

Il ne faut pas oublier non plus que le verre rend d'immenses services à la navigation dans la construction des phares dont il est, avec la lumière, l'organe essentiel.

De nos jours, les phares qui bordent les continents sont aussi nombreux que les becs de gaz sur nos grands boulevards, et, pour vous en donner une idée, on en compte plus de 300 sur nos seules côtes de France.

Les verres lenticulaires employés dans la construction des phares ont une force de projection étonnante. Les feux de certains phares se voient jusqu'à 70 kilomètres en mer, c'est-à-dire que la nappe lumineuse devient tangente à la convexité de la Terre.

Le verre joue donc encore ici un rôle considérable dont on ne peut contester l'utilité.

Je ne surprendrai personne en disant que le verre a contribué plus qu'aucun autre corps aux découvertes les plus importantes dans les arts et dans les sciences.

Je ne puis mieux terminer ce rapide aperçu sur les mérites du verre, qu'en vous parlant du microscope; et, à ce propos, je vais prononcer un nom qui va, j'en suis bien certain, éveiller dans vos cœurs de bien profondes sympathies.

M. Pasteur, ce chercheur infatigable, cet ami acharné de l'humanité, cet homme qu'on vient trouver en ce moment de tous les points du globe, avec quoi a-t-il découvert ces fameux microbes, ces bacilles et tous ces petits monstres dont les noms seuls nous font frémir?

Mais tout simplement avec plusieurs petits mor-
ceaux de verre taillés et disposés de façon à grossir
1000 à 1200 fois un atome invisible à l'œil nu.

Voilà donc encore une propriété merveilleuse du
verre ; c'est que, lorsqu'il est taillé en forme de lentille et que les parties en sont combinées de différentes façons, il grossit les corps atomiques dans
de telles proportions qu'on peut alors étudier jusqu'aux poussières atmosphériques quenous respi-
rons ; et c'est cette propriété qui a donné naissance
à cette science merveilleuse, la Micrographie, dont
le but est d'étudier les organismes microscopiques,
et particulièrement les microbes dans lesquels
M. Pasteur pense avoir trouvé le germe de bien des
maladies contagieuses, notamment de l'une des plus
épouvantables de toutes, la Rage.

On peut donc dire, sans crainte de se tromper,
que M. Pasteur, par ses remarquables travaux sur
les microbes, a ouvert un vaste champ aux investigations des savants de l'univers entier et, par cela
seul, passera à la postérité comme l'un des plus
grands bienfaiteurs de l'humanité.

Je ne voudrais pas faire un mauvais jeu de mots,
mais je ne peux cependant m'empêcher de dire que
le verre est conservateur. — Il conserve la vue et
rend à nos yeux affaiblis les qualités qu'ils ont per-
dues. Il conserve nos montres, nos pendules, nos

vases à fleurs ; mais c'est surtout sous forme de bouteilles qu'il est apprécié pour la conservation de nos vins les plus généreux.

Il devient alors l'objet d'un véritable culte, parfois tellement passionné que ses adorateurs en perdent la raison, comme Sganarelle dans le *Médecin malgré lui*, qui caresse sa chère bouteille en lui prodiguant les plus tendres paroles :

> Qu'ils sont doux,
> Bouteille jolie,
> Qu'ils sont doux
> Tes jolis glouglous.

Et, à propos de bouteilles, savez-vous combien la France en fabrique en moyenne par an ? Près de 200 millions, et ce qu'il y a de particulier, c'est que, depuis les ravages du phylloxera, il s'en fabrique encore bien davantage.

. Mais il paraît que c'est la consommation énorme qui se fait actuellement d'Eaux minérales de toutes sortes qui en est la principale cause.

Le verre bien fabriqué étant inattaquable aux acides les plus violents, sauf toutefois à l'acide fluorhydrique qui est son seul ennemi, cette précieuse qualité lui a donné la place d'honneur dans nos laboratoires, et sans lui les découvertes les plus importantes, en chimie et en physique, n'eussent jamais été faites. — En effet, que deviendrait un chimiste dans son laboratoire sans ballons, sans cornues, sans matras, sans flacons et sans tous ces merveilleux appareils qui lui sont indispensables pour ses moindres opérations.

Sous forme de tubes l'emploi du verre est considérable. — On en fait des thermomètres pour mesurer les températures, des baromètres pour mesurer l'altitude des montagnes, des niveaux de chaudières à vapeur pour préserver la vie de nos ouvriers, et enfin toutes sortes d'appareils polymétriques plus curieux les uns que les autres.

Et les glaces qui embellissent nos demeures, et les vitraux qui décorent nos églises, nos palais et nos châteaux, et les magnifiques lustres qui éclairent nos théâtres, n'est-ce pas encore du verre, toujours du verre !

Origine du verre. — Son origine se perd dans la nuit des temps; on en retrouve des vestiges qui remontent à la plus haute antiquité. — 3 000 ans avant l'ère chrétienne, il existait déjà des verreries considérables, à Sidon et à Tyr, qui faisaient la richesse des tribus de Zabulon et d'Azer. — Sans nous attarder dans ces ténèbres, voyons de suite ce que c'est que le verre.

Voici du sable blanc de la forêt de Fontainebleau

et voilà de la potasse qui est un sel alcalin, provenant de la cendre de plantes et de racines.

Si l'on mélange un volume de sable avec un demi-volume de carbonate de potasse et qu'on les fasse fondre dans un creuset à une température de 12 à 1 500 degrés, on obtient, au bout de quelques heures, un produit merveilleux, qu'en termes de chimie on appelle un silicate de potasse. C'est le *verre* dans toute sa simplicité.

Si au lieu de potasse on prend du carbonate de soude, qui s'extrait du sel de cuisine, on a encore du verre qui s'appelle alors du silicate de soude.

Si enfin on mélange le sable avec de la soude et de la potasse, on obtient un silicate double de potasse et de soude.

Ce qu'il y a de merveilleux dans le verre, c'est qu'il se prête à des milliers de combinaisons, sans cesser pour cela d'être du verre, dans la simple acception du mot. Il peut être excessivement tendre, jusqu'à être déliquescent, c'est-à-dire soluble dans l'eau bouillante comme du sucre; et dans cet état même il rend encore de grands services pour le durcissement des pierres calcaires. — Le silicate soluble de soude ou de potasse dont on imbibe la pierre calcaire qu'on veut durcir, se transforme en un silicio-carbonate qui est beaucoup plus dur que la pierre. On a utilisé cette précieuse découverte lorsqu'on a restauré les façades du Louvre, de la cathédrale de Reims, de Chartres, etc.

Mais un autre emploi, plein d'intérêt, c'est l'usage qu'on fait du silicate soluble en chirurgie pour la contention des fractures. Les bandes silicatisées sont préférées aux bandes amidonnées ou plâtrées. — En une seule année il en a été employé plus de 2 500 kilogrammes dans les hôpitaux de Paris.

Mais à côté du verre excessivement tendre nous en avons d'excessivement dur, assez dur pour faire feu comme le silex et pour rayer le verre à vitres.

Ainsi donc, le verre est un silicate de potasse ou de soude, ou un silicate double de potasse et de soude, et, si on y ajoute une petite dose de chaux, qui a la propriété de le rendre moins fragile, moins cassant, moins hygroscopique, on a alors un silicate à base multiple, et dans cet état le verre est blanc, léger, transparent, et sa densité varie de 2,40 à 2,64.

Un chimiste russe, M. Benrath, sans prétendre que le verre dût être le résultat de combinaisons atomiques définies, a pensé cependant que le meilleur verre était celui qui se rapprochait le plus d'une composition normale, et, après de nombreuses analyses, il a adopté la formule suivante pour les verres à base de soude et de chaux :

$$5 \, (NaO, 3 \, SiO^2) + 7 \, (CaO, 3 \, SiO^2)$$

et pour les verres à base de potasse et de chaux :

$$5 \, (KO, 3 \, Si \, O^2) + 7 \, (Ca \, O, 3 \, Si \, O^2),$$

ce qui lui donnait, comme composition centésimale, pour la première formule :

> 75,5 de silice,
> 10,9 de soude,
> 13,6 de chaux.

Et pour la deuxième formule :

> 71,5 de silice,
> 15,5 de potasse,
> 13 » de chaux.

Depuis les recherches de Berzélius, il est évident que le sable blanc ou silice est un acide qui joue, vis-à-vis des bases, le même rôle que les autres acides.

Le verre est donc un véritable sel ou silicate, à base simple ou multiple, mais dont les proportions ne sont jamais définies comme dans les autres sels.

Toutefois l'expérience a démontré que les meilleurs verres sont en effet ceux qui se rapprochent le plus des formules de M. Benrath, quant à la dureté, aux qualités réfractaires et comme résistant le mieux à l'action prolongée des acides bouillants.

Voici une formule qui donne du bon verre blanc :

Sable blanc.	65
Carbonate de soude.	17
— de potasse . . :	6
Chaux.	10
Azotate de soude.	2
	100

Mais chaque verrerie a généralement sa formule qu'elle croit meilleure que celle de son voisin, et c'est avec ce genre de verre qu'on fait toutes les pièces dont nous nous servons journellement.

Mais il n'est pas rare de rencontrer des verres à boire, des carafes qui, en peu de temps, deviennent ternes, se crassent facilement et contractent un mauvais goût. Ce sont des verres évidemment trop alcalins et par conséquent de mauvaise qualité.

Cristal. — Maintenant que nous savons ce que c'est que le verre, nous allons voir ce que c'est que le cristal. Le verre nous a déjà accoutumés à tant de surprises que vous ne serez pas étonnés d'apprendre qu'il se combine avec une infinité de corps qui peuvent modifier son état, son apparence, ses propriétés, son nom même, sans qu'il cesse pour cela d'être du verre.

C'est ainsi qu'en introduisant dans sa composition du sesquioxyde de plomb, vulgairement appelé minium, le verre devient plus lourd, plus sonore, plus dense, plus brillant.

Il prend alors le nom de cristal ; c'est un silicate de potasse et de plomb.

La composition normale du cristal, d'après Benrath, serait représentée par la formule suivante :

$$5\,(KO,3\,SiO^2) + 7\,(PbO,3\,SiO^2).$$

Cette formule répondrait en composition centésimale à :

Silice	51	5
Minium	37	3
Potasse	11	2
	100	»

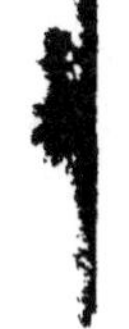

Mais, de même que pour le verre, on s'écarte beaucoup dans la pratique, de cette formule idéale, pour se rapprocher de formules plus industrielles.

La formule la plus courante et celle autour de laquelle tournent toutes les autres, est la suivante :

Silice	300
Minium	200
Potasse	100

Les propriétés réfringentes du cristal l'ont fai
adopter pour l'imitation des pierres précieuses, car
lui seul, lorsqu'il est bien taillé, peut rivaliser avec
le diamant par l'éclat de ses feux.

Il prend alors le nom de strass, qui n'est autre
chose que du cristal très soigné, très pur et fortement chargé de minium.

Le cristal à base de plomb n'existe pas dans la
nature. Ce qu'on appelle cristal de roche, cailloux
du Rhin, n'est autre chose que du sable pur cristal-
lisé, ou acide silicique pur. Quant au diamant tout
le monde sait que c'est du carbone pur, car en
brûlant il ne laisse aucun résidu et ne produit que
de l'acide carbonique.

Les pierres fines, en général, ne se composent
que de silice et d'alumine.

Le cristal tel que nous le fabriquons, et que les
Anglais appellent du flint-glass quand il est spécialement préparé pour l'optique, a une densité qui
varie de 3,59 à 3,64. Plus il est dense et meilleur
il est pour les objectifs des grandes lunettes astro-
nomiques.

En France nous n'avons qu'un seul fabricant
qui fasse en grand, et d'une manière remarquable,
le verre d'optique c'est-à-dire le flint-glass; c'est
M. Feil, petit-fils de Guinand qui découvrit le moyen
pratique de fabriquer de grandes masses de verre

parfaitement homogènes pour les objectifs de grandes dimensions.

L'Observatoire de Paris a payé 25,000 francs l'un de ces objectifs qui n'avait cependant que 40 centimètres de diamètre.

Aujourd'hui on en fabrique qui ont jusqu'à 80 centimètres de diamètre et qui sont d'un prix relativement bien moins élevé.

Le cristal et le verre se colorent facilement au moyen de certains sels et d'oxydes métalliques.

L'oxyde de cobalt colore toujours en bleu,

Le péroxyde de manganèse, toujours en violet,

L'oxyde de chrome, toujours en vert,

Les sels d'or, toujours en rouge cerise,

Les chlorures d'argent, toujours en jaune,

L'oxyde d'urane également en jaune,

Les sels d'antimoine, en jaune vif dans les silicates de plomb,

L'oxyde de fer, en vert sale et dans certaines circonstances en rouge.

Par la combinaison de tous ces produits dans la masse vitreuse, on peut obtenir une infinité de teintes.

Mais c'est surtout le cuivre qui, en verrerie, est le plus merveilleux de tous les métaux ; car, suivant son degré d'oxydation dans la masse vitreuse, il produit du rouge, du jaune, du vert ou du bleu céleste.

C'est le jaune vif tirant sur le rouge capucine qui est le plus difficile à obtenir ; cependant nous le fabriquons aujourd'hui d'une manière courante. Par la richesse et la chaleur de ses tons cet émail trouve son emploi dans la Mosaïque. C'est l'Hœmatinon des Anciens dont parle Pline : *Totum rubens vitrum atque non translucens hœmatinon appellatur.*

Le musée de Sèvres possède plusieurs petits cubes de cet émail éclatant, provenant du Temple de Jupiter à Rome. C'est aussi avec le cuivre, à l'état d'oxydule, que les anciens obtenaient ce magnifique rouge transparent que nous admirons dans les vieux vitraux.

C'est encore avec l'oxyde de cuivre combiné avec le protoxyde de fer qu'on produit ce verre merveilleux qui s'appelle « Aventurine ».

Les chimistes ne sont pas d'accord sur la nature exacte de cette vitrification mystérieuse, car l'on ne sait pas ce que sont ces paillettes brillantes qui caractérisent l'aventurine. Ce qui est certain c'est que ce n'est pas du cuivre métallique.

En attendant que l'accord soit fait sur ce point, on est convenu de dire que l'aventurine est un *silicate de protoxyde de cuivre.*

Pour moi, je pense que c'est une cristallisation

double d'un silicate de fer et de cuivre qui se produit au moment de la dévitrification de la masse vitreuse.

La production industrielle de l'aventurine est restée longtemps le monopole de l'Italie à cause de certain tour de main que nous ignorons et que les analyses les plus délicates ne peuvent nous révéler.

Revenant au cristal nous dirons qu'il sert à faire une infinité de pièces merveilleuses ; et la gloire en revient en grande partie à nos artistes et à nos ouvriers verriers ; à propos de ces derniers il faut bien reconnaître que, dans nos établissements toujours en feu, le rôle de l'ouvrier verrier est considérable, et si, dans les Expositions, notre belle cristallerie française a tant de succès, c'est bien à l'habileté de nos ouvriers que nous le devons.

Si nous imaginons quelque nouveau modèle c'est lui qui sait les exécuter. Il suffit de lui donner un croquis, avec quelques explications, pour qu'avec un peu de verre au bout d'une canne en fer il nous fasse les pièces les plus merveilleuses. Le feu est son élément et le verre obéit à tous ses caprices. L'ouvrier verrier est donc le précieux auxiliaire de nos travaux, et si nous lui sommes nécessaires. il faut bien reconnaître qu'il nous est indispensable.

On a reproché au verre d'être fragile ; c'est vrai,

il est très susceptible, et n'aime pas à être brutalisé dans ce cas il se brise et cesse ainsi de nous être utile.

Ce défaut a même inspiré la verve de quelques poètes.

Corneille dans sa belle pièce de Polyeucte fait dire à son héros :

« Allez, honneurs, plaisirs, qui me livrez la guerre,
    « Toute votre félicité,
    « Sujette à l'instabilité,
    « En moins de rien tombe par terre ;
    « Et, comme elle a l'éclat du verre,
    « Elle en a la fragilité. »

Un autre poète moins connu, Meynard, dans une satire contre un gentilhomme verrier de son temps, s'écrie :

    « Votre noblesse est mince
    « Et ce n'est pas d'un prince,
    « Daphnis, que vous sortez :
    « Gentilhomme de verre,
    « Si vous tombez à terre,
    « Adieu la qualité.

Il viendra un temps où l'on ne pourra plus se permettre ces mauvaises plaisanteries, attendu qu'on est sur la trace de procédés nouveaux pour tremper le verre comme on trempe l'acier.

C'est à un agriculteur du département de l'Ain, M. de la Bastie, que revient l'honneur de cette intéressante découverte; et le plus étrange c'est qu'elle a été faite par un agriculteur et non par un verrier.

Quoi qu'il en soit il est évident que le verre, trempé dans un bain chaud de graisse et d'huile au moment où il cesse d'être malléable, acquiert une résistance considérable.

De nombreuses applications ont déjà été faites pour des pièces minces, comme des gobelets, des bobèches, des assiettes.

Mais il reste encore bien des essais à faire pour rendre l'idée absolument pratique. D'ailleurs M. de la Bastie n'a jamais prétendu faire du verre *incassable* comme on l'a dit. Il a voulu faire un verre beaucoup plus dur et plus résistant; et quant à cela il y est parfaitement parvenu; il serait injuste de ne pas le reconnaître.

Les Anglais qui sont toujours à la piste des nouvelles inventions, et qui, dans leur application, ont quelquefois des idées très originales, ont imaginé, par un procédé spécial, de faire des traverses de chemins de fer en verre trempé, et les résultats ont été satisfaisants. Les expériences faites sur les tramways métropolitains ont démontré que ces traverses résistaient à une pression de 766 kilogrammes par centimètre carré, ce qui est plus que suffisant pour en assurer l'emploi.

Le verre et le cristal ont aussi la propriété de devenir opaques si, dans leur composition, nous introduisons certaines matières comme l'arsenic, les os de mouton, ou phosphate de chaux, la potée d'étain, le fluate de chaux et dans certains cas les sels d'antimoine.

Dans cet état du verre nous entrons dans une nouvelle famille qu'on appelle « *les émaux* ».

Émaux. — Les émaux sont donc des vitrifications opaques que l'on peut colorer à l'infini avec les oxydes métalliques. L'usage qu'on en fait est considérable. Étant pulvérisés en poudres impalpables et et traités de certaines façons, ils constituent ce qu'on appelle les couleurs vitrifiables et servent alors à la décoration de la porcelaine, de la faïence et du verre.

Les émaux ont aussi la propriété d'adhérer fortement à l'or, à l'argent, au cuivre; nous les retrouvons alors sous forme de bijoux émaillés, de coffrets, de coupes de vases; et dans les vitrines de la galerie d'Apollon au Louvre, ainsi qu'au musée de Cluny, on peut en voir des échantillons merveilleux.

Les fameux émaux de Limoges, qu'ont rendu célèbres les Pénicault, les Naudin, les Reymond, les Courteys, etc., sont des plaques de cuivre, recouvertes d'une couche d'émail ordinairement noir, brun ou bleu, formant le fond, et sur lequel l'artiste peintre émailleur reproduit en grisaille, ou en émaux colorés, toutes les fantaisies de son imagination. On peut exécuter ainsi de charmants portraits, de véritables tableaux et on peut aussi en voir une très belle collection au Louvre et au musée de Cluny.

De nos jours, les peintres émailleurs pour les pièces absolument artistiques sont assez rares. On peut citer M. Claudius Popelin, dont les émaux sont des chefs-d'œuvres très recherchés, puis MM. de Courcy, Meyer, madame Colville, mademoiselle Nugent, MM. Seiffert, Soyer, etc., qui produisent de très belles pièces et qui ont toujours à nos Expositions des succès très mérités.

Le fer, la fonte, la tôle peuvent aussi s'émailler pour des usages ordinaires, et l'on en fait ainsi des plaques de rues, des numéros de maisons, des enseignes, des cadrans, des calorifères, des baignoires et jusqu'à de la batterie de cuisine.

Pour tous ces articles l'emploi de l'émail est facile. On le pulvérise très fin et on l'applique en couche mince soit au tamis, soit au pinceau, sur le

métal bien décapé, puis on le fait fondre au feu
pour le glacer.

Les émaux cloisonnés, dont on voit de si beaux
spécimens chez Barbedienne, chez Christofle, etc., se
font de la manière suivante : le plat ou le vase en
cuivre qu'il s'agit de décorer, étant nu, on le couvre
d'un réseau de petit rubans de cuivre soudés verti-
calement suivant un dessin donné, fleurs, oiseaux,
animaux fantastiques. Puis tous les vides sont rem-
plis d'émaux broyés à l'eau, en forme de pâte, puis
séchés, puis passés au feu pour être fondus et
glacés.

Il ne reste plus ensuite qu'à les user à la pierre
ponce pour les bien unir et faire ressortir en vif
toutes les cloisons ; on les polit enfin et le travail
est ainsi terminé.

Nous sommes parvenus en France à faire d'aussi
beaux cloisonnés qu'en Chine et au Japon.

Là, comme en tant d'autres articles, c'est encore
la question de main-d'œuvre qui nous arrête et
nous empêche d'avoir le dessus. — Au point de
vue artistique tel cloisonné français est bien supé-
rieur à tel plat chinois, mais comme en général, il y
a plus d'acheteurs que de connaisseurs, on prendra
l'article chinois, qui est bon marché, mais qui est
vulgaire, et on laissera l'article français, qui est
cher, mais qui est un chef-d'œuvre.

Les émaux en baguettes et en tubes servent aussi à faire au chalumeau une infinité de petits ouvrages de verroterie : perles pleines et creuses, fleurs, fruits, boutons, ainsi que des imitations de marbres, d'agates, de coraux, d'opales, etc.

Ainsi donc, que le verre soit opaque ou transparent, blanc ou coloré, nous le retrouvons en tout et partout.

La Mosaïque. — Une dernière manifestation de l'émail qui tend à prendre une grande extension en France, c'est celle de son emploi dans la fabrication des mosaïques décoratives.

C'est encore en Italie, cette terre classique des arts, qu'il faut aller pour voir l'immense parti qu'on a su en tirer pour les décorations monumentales.

L'art de la mosaïque d'émail remonte aussi à la plus haute antiquité et se confond avec l'invention du verre. C'est de Grèce que ce bel art semble avoir été importé en Italie par des maîtres habiles, et des traces profondes de leur grand talent se retrouvent surtout à Palerme au palais de Montréal, à la chapelle de Palatine et à la Martorana.

C'est donc par les travaux de ces maîtres illustres que nous avons pu conserver les traditions du dessin et de la couleur du Bas-Empire. Les peintures

sur toile, les fresques sur murailles, ne peuvent
résister aux injures du temps; tôt ou tard elles
doivent disparaître. Que sont devenues les œuvres
de Zeuxis et d'Appelle, ces deux célèbres peintres
de l'antiquité? Elles ont toutes été détruites comme
le sera bientôt à Milan la grande fresque de Léo-
nard de Vinci, la Cène, qui ne date cependant que
du seizième siècle et qui est déjà méconnaissable
malgré tous les efforts qu'on fait pour la conserver.
Si ces chefs-d'œuvre eussent été exécutés en mosaïque d'émail, comme l'ont été les cartons de Raphaël
à l'église de Santa-Maria-del-Popolo, à Rome, on
pourrait encore sans doute les admirer dans toute
leur splendeur, car la mosaïque peut traverser les
siècles sans s'altérer.

Il y a quelques années il me fut donné de visiter
les ruines de Pompéi, au pied du Vésuve, et ce ne
fut pas sans surprise que je me trouvai en présence
de belles fontaines murales en mosaïques d'émail
parfaitement conservées et qui avaient cependant
plus de dix-sept siècles d'existence.

A Rome, à Ravenne, à Florence, à Venise, on
ne peut visiter de monuments publics sans être
ébloui par la magnificence des mosaïques qui les
décorent.

Quand on parcourt les villes de l'Italie, où se
trouvent à profusion les plus belles mosaïques du

monde entier, on est surpris que la France, qui sait si bien s'assimiler tout ce qui touche à l'art, ait attendu des siècles avant de comprendre l'immense parti qu'elle pouvait tirer de ce moyen grandiose de décoration. C'est seulement à la fin du siècle dernier qu'une tentative fut faite à Paris pour y organiser un atelier de mosaïstes. — Belloni, artiste du Vatican, dirigea cette école qui produisit quelques pièces remarquables, mais plutôt dans le domaine du Meuble que dans celui de l'architecture. Cependant on peut voir au Louvre, salle Melpomène, une grande mosaïque en marbre et en émail faite d'après les cartons du baron Gérard, élève de David.

C'est un hommage rendu au vainqueur. On y voit Minerve conduisant un char en quadrige, suivi de la Paix et de l'Abondance et entouré de quatre figures allégoriques représentant les fleuves des pays vaincus : le Niémen, le Pô, le Nil et le Danube. C'est la seule œuvre importante produite par cet atelier, qui ne tarda pas à disparaître.

Il ne fut plus question de la mosaïque en France jusqu'à l'époque récente où M. Charles Garnier, l'heureux architecte de l'Opéra, qui avait rapporté de l'Italie l'amour de la mosaïque et avait compris, avec sa haute intelligence artistique, tout le parti qu'il pouvait en tirer, se servit de ce puissant mode de décoration pour embellir l'avant-foyer de l'Opéra.

Une inscription incrustée dans l'émail s'exprime ainsi :

« La mosaïque décorative a été appliquée pour la première fois en France pour l'ornementation de cette voûte et la vulgarisation de cet art. Les figures peintes par de Curzon ont été faites en émail par Salviati, les ornements par Facchina, l'architecture par M. Garnier. »

Heureusement que cette inscription est en langue grecque et que, par conséquent, peu de personnes la comprennent, car nous éprouvons quelque humiliation à n'y rencontrer, comme artistes mosaïstes, que des noms étrangers. Il est permis de supposer que c'est dans une intention charitable que le spirituel architecte de l'Opéra a voulu que cette inscription fût en grec.

Les Italiens ont été nos maîtres; nous les vénérons, nous les admirons, mais enfin il est temps, pour le bel art de la mosaïque, de nous émanciper aussi et nous pouvons aujourd'hui parfaitement voler de nos propres ailes.

La tentative de M. Garnier eut un heureux résultat. — Ce fut une sorte de révélation pour la jeune phalange des architectes français qui, de nos jours, sont presque tous de véritables artistes, recherchant tout ce que l'art polychrome, dans toutes ses manifestations, peut offrir de ressources pour la décoration des palais, des châteaux, des hôtels qu'ils ont à construire.

En outre, une école nationale de mosaïque fut créée en 1876 à la manufacture de Sèvres et placée sous la direction d'un homme d'une compétence incontestable, M. Gerspach, aujourd'hui administrateur des Gobelins et auteur d'un excellent ouvrage sur la mosaïque [1].

Ce sont les élèves français de cette école qui, sous les ordres d'un artiste de grand talent, M. Angelo Poggesi, exécutèrent la grande frise du fronton de la nouvelle manufacture de Sèvres sur les cartons de M. Charles Lameyre, et plus récemment encore la grande mosaïque de l'abside du Panthéon qui ne mesure pas moins de 117 mètres de surface.

C'est l'œuvre la plus considérable que nous ayons dans ce genre en France. Les cartons ont été composés par notre sympathique compatriote, M. Hébert, membre de l'Institut, et actuellement directeur de l'académie de Rome. C'est une œuvre magistrale que vous pouvez aller admirer au Panthéon et, pour notre compte, nous sommes heureux d'avoir col-

---

1. *La Mosaïque*, par Gerspach. Quantin, éditeur.

laboré à son exécution par tous les émaux et les or
qui la composent.

L'atelier national, après avoir achevé l'abside du
Panthéon, vient d'entreprendre au Louvre un tra-
vail beaucoup plus considérable. C'est de tapisser
de riches mosaïques les huit coupoles de l'escalier
Daru.

Le travail complet représentera une surface de
plus de 1 200 mètres et une dépense qui ne peut
être évaluée à moins de 600 000 francs.

C'est à **M.** Lenepveu, membre de l'Institut et
auteur du grand plafond de l'Opéra, qu'ont été con-
fiées les compositions des mosaïques du Louvre ;
c'est la glorification des arts symbolisée par quatre
grandes figures allégoriques : la France, l'Italie, la
Flandre et l'Allemagne avec les médaillons de
Rubens, le Poussin, Raphaël et Albert Durer.

La première coupole est presque terminée et il
n'a pas fallu moins de deux ans et demi pour la
faire.

L'œuvre complète sera absolument française
puisqu'elle aura été exécutée par de jeunes artistes
français, avec des émaux et des ors français. —
C'est tout le contraire de ce qui s'est passé pour la
mosaïque de l'Opéra, où, sauf la composition, tout.
est italien.

Je voudrais, avant de terminer, vous expliquer

la technique de ce bel art, c'est-à-dire le mode de fabrication qui consiste à reproduire, avec des petits cubes d'émaux colorés, les chefs-d'œuvre de nos grands maîtres.

Voici comment on s'y prend :

S'il s'agit d'une surface murale, comme au Louvre, par exemple, on commence par creuser la pierre à 2 centimètres de profondeur.

On remplace la pierre tombée par une couche de plâtre fin, et c'est sur cette surface qu'on décalque le sujet à reproduire en émail. On a donc ainsi un dessin au trait sur le plâtre. — Il s'agit maintenant de remplacer ce plâtre par de l'émail. Toutes les teintes ayant été choisies et les émaux coupés en petits cubes, on creuse dans le plâtre une petite surface et l'on remplace ce creux par du mastic dont la composition devient plus tard aussi dure que l'émail. C'est dans ce mastic qu'on enfonce chaque petit cube coloré en suivant les indications du dessin qui sert de modèle, puis on passe à une partie voisine et, de proche en proche, tout le plâtre disparaît pour faire place à l'émail.

Par ce procédé, l'artiste voit ce qu'il fait et peut juger de la perfection de son travail. — C'est le procédé le plus ancien, le plus rationnel et tel qu'il est toujours exécuté à Rome.

Mais à Venise, où se trouvent actuellement les

fabriques les plus importantes, on procède différem
ment. Au lieu de décalquer le dessin à reproduire sur
le plâtre, comme nous venons de le dire, on le décalque sur du papier et les cubes d'émail y sont collés
à l'envers en suivant les teintes du modèle. Puis l'en-
duit ou le mastic ayant été mis en place, on y enfonce
les carrés de papier couverts de cubes, et quand
tous ces carrés sont rapprochés les uns des autres,
suivant leur numéro d'ordre, de façon à compléter
la composition, on mouille le papier, on l'enlève, et
la mosaïque apparaît ainsi à l'endroit.

Ce moyen est certainement le plus expéditif et
permet de faire de la mosaïqne à bon marché. Cette
méthode est bonne pour des frises, des dessins peu
compliqués.

Mais lorsqu'il s'agit de reproduire des figures,
des draperies, des paysages, etc., il faut bannir la
méthode vénitienne et travailler par la méthode
romaine, la plus coûteuse, il est vrai, mais la plus
sûre et la plus rationnelle.

La mosaïque que nous vous présentons ici a eu les
honneurs de la médaille d'or à la dernière exposi-
tion des arts décoratifs.

C'est la reproduction agrandie d'une aquarelle
inédite de notre regretté compatriote, Gustave
Doré ; cette mosaïque représente Cléopâtre, reine
d'Égypte, au moment où se voyant perdue après la

bataille d'Actium, elle se fait mourir par la piqûre d'un aspic.

Il ne faudrait pas songer à faire de la grande mosaïque décorative avec le soin minutieux apporté à cette pièce d'art; cela reviendrait trop cher. On emploie dans ce cas la méthode plus expéditive des cubes cassés au marteau, mais non lapidés, en s'appliquant surtout à n'employer que peu de teintes pour conserver aux compositions plus de simplicité, comme dans les mosaïques byzantines. Les fonds y sont souvent en or, ce qui leur donne un grand éclat.

Ces ors se font par une méthode très simple. On commence par préparer des feuilles très minces de verre. On y colle ensuite une feuille d'or fin; puis on verse sur cet or de l'émail en fusion pour l'enfermer entre l'émail et la feuille de verre; il ne reste enfin qu'à débiter ces galettes d'or en petits cubes pour en former les fonds.

Cette autre grande mosaïque représente les armes de la ville de Saint-Denis avec deux figures allégoriques. Le carton est d'un artiste de talent, M. Gustave Chassevent, professeur de dessin à Sainte-Barbe et à Saint-Louis. A droite, nous sommes au temps des croisades; un chevalier tient l'oriflamme, qui était déposée à la basilique, qu'on aperçoit dans le fond.

A gauche, l'état actuel. — Saint-Denis, ville essentiellement industrielle, est symbolisée par un ouvrier forgeron entouré de tous les attributs du travail.

Enfin je n'ai plus à signaler à votre attention que des spécimens isolés de mosaïques exécutés par mes jeunes élèves, qui, sous les ordres d'un maître habile, deviendront bientôt les apôtres du bel art de la mosaïque en France. Quelques-uns sont déjà de véritables artistes.

L'impulsion est donnée et ne s'arrêtera plus, j'espère, car nous avons maintenant une collection de plus de 5 000 teintes et plus de 30 000 kilogrammes d'émaux de toutes sortes, préparés spécialement pour la mosaïque.

C'est tout ce qu'il faut pour que nous puissions faire chez nous d'aussi belles mosaïques qu'en Italie, sans avoir rien à lui demander, car en cela, comme en toutes choses, la France, notre chère patrie, doit être aussi au premier rang.

Paris. — Imp. E. Capiomont et Cie, rue des Poitevins, 6.